LES RECETTES DE FRUITS

Charlotte minute aux fruits rouges

Melon surprise

Croque-mousse de la Guama

Crumble pommes-poires

Samoussas des îles

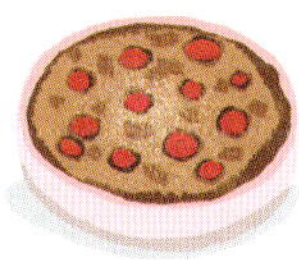

Clafoutis aux cerises

Gâteau à l'orange

Choco-chat et ses souris

Gâteau soleil

Glace à la banane

Cocktail des vampires

Mon gâteau à la carotte

Recette d'Élisa, 9 ans et demi
Pour 4 personnes
Préparation : 20 min
Attente : 1 heure
Cuisson : 40 min

Il te faut →

- 150 g carottes
- 150 g beurre ramolli*
- 150 g sucre
- 100 g farine
- 1/2 cuil. à café cannelle
- 3 oeufs
- 2 oranges
- 1 pincée de sel
- 1 sachet levure
- 50 g poudre d'amandes

Je préchauffe, thermostat 5 (150 °C).

1 Dans 2 bols différents, je râpe finement les carottes épluchées et je zeste* les oranges lavées.

2 Je mélange les carottes et le sucre dans un grand bol et je laisse reposer une heure jusqu'à ce que le sucre soit fondu.

3 Dans un saladier, je mélange le beurre ramolli* et les œufs.

4 J'ajoute les carottes râpées et leur sirop de sucre, la cannelle et les zestes* d'orange. Je mélange.
J'ajoute enfin la farine, la levure, la poudre d'amandes et le sel.
Je mélange le tout.

5 Je beurre mon moule à manqué, puis je verse ma préparation et j'enfourne.
Je vérifie de temps en temps la cuisson avec la pointe d'un couteau*.

40 min

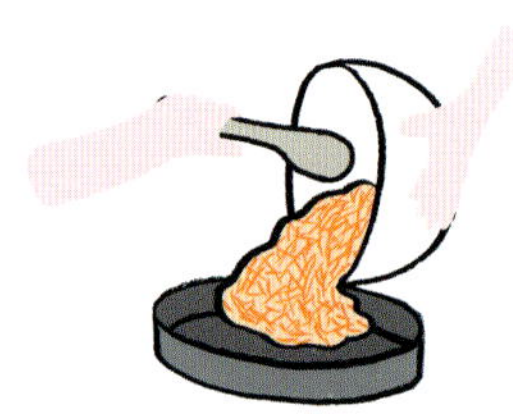

Le secret d'Élisa

Je découpe dans un carton à pâtisserie 2 petits lapins que je pose sur le gâteau avant de saupoudrer de sucre glace, puis de les retirer. J'ajoute des brins de carotte.

Le grain de sel du chef

Avec les oranges qui restent, on peut préparer en accompagnement une salade d'oranges bien fraîche, sucrée d'un trait de sirop de grenadine.

Charlotte minute aux fruits rouges

1 Je mets de côté 4 belles framboises et 4 belles fraises. Je mixe les autres fraises lavées et équeutées* et les autres framboises fraîches avec le sucre pour obtenir un beau coulis.

2 Je répartis au fond de 4 verres les biscuits roses brisés en morceaux, puis je verse le coulis par-dessus.

5 min

3 Dans un saladier, je verse le fromage blanc, le miel et les fruits rouges surgelés. Je mélange sans écraser les fruits.

4 Je sors les verres du congélateur et j'y ajoute le mélange à base de fromage blanc. Je pique un biscuit rose entier dans chaque verre.

au moins 30 min

Le secret de Loïc

Ce dessert est entre la glace et la crème. Juste avant de servir, je décore chaque verre avec une fraise, une framboise et une feuille de menthe.

Le grain de sel du chef

Pour changer, on peut remplacer les biscuits roses par des meringues.

Soupe de la sorcière

1 J'épluche les pommes de terre, les lave et les coupe en quartiers. Je découpe la partie supérieure du potiron. J'évide* tout l'intérieur, je jette les pépins et je coupe la chair en quartiers. Je mets les pommes de terre et le potiron à cuire 15 minutes à la cocotte-minute (sans oublier de mettre un peu d'eau au fond).

2 Pendant ce temps, j'épluche l'oignon*, je le coupe et je le fais revenir dans une poêle avec une noix* de beurre.

3 J'épluche, puis je mixe le concombre. Je le garde à part.

4 Je mets les légumes cuits et l'oignon dans l'eau de cuisson de la cocotte. Hors du feu, j'écrase le tout avec le mixeur. J'ajoute alors le lait, la crème, le sel et le paprika. Je remets 10 minutes à cuire à feu doux.

Le secret des élèves

Au moment de servir, je verse la soupe chaude dans le potiron évidé*. Je pose le concombre mixé au centre de la soupe pour faire une île dont je saupoudre le bord de curry. Je verse un filet de sirop d'érable tout autour. Je décore l'île avec un parasol en papier.

Le grain de sel du chef

Le concombre apporte du croquant à la douceur veloutée du potiron, mais il faut savoir que les deux légumes ne poussent pas à la même saison !

Melon surprise

Recette d'Alexis, 7 ans
Pour 4 personnes
Préparation : 15 min
Cuisson : 5 min

Il te faut →

2 melons

150 g

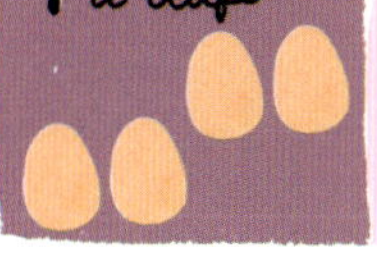
4 blancs d'œufs

150 g

50g + 100g

1 Je coupe chaque melon en deux puis, à l'aide d'une cuillère, j'enlève la chair pleine de pépins.

2 Je lave, puis je dispose mes melons sur une plaque de four (ils iront ensuite au four). Je les saupoudre de 50 g de sucre et je les mets au frais jusqu'au service.

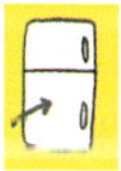

Juste avant de servir : je préchauffe, thermostat 7-8 (220 °C).

3 Pour faire la meringue, je bats* les blancs en neige très fermes. J'y ajoute les 100 g de sucre et je mélange avec une spatule.

4 Je remplis chaque melon de fraises lavées puis équeutées* et de framboises, et je recouvre de meringue saupoudrée de sucre glace.

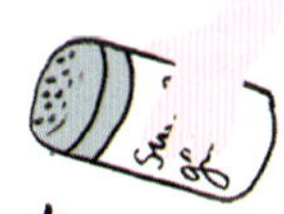

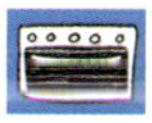
5 min

Je surveille bien la cuisson : la meringue ne doit pas être trop colorée.

Le secret d'Alexis

Pour réussir la surprise, les melons doivent être froids et la meringue chaude. Je décore chaque melon avec une fraise ou une framboise.

Le grain de sel du chef

Faut-il manger le melon sucré ou salé ? La question occupa longtemps les esprits. À Paris, en 1805, on mangeait en entrée un melon salé et poivré.

Potage tout rouge

1 Je nettoie le poireau (voir la tarte oasis), j'épluche l'oignon*, la carotte et les betteraves.

2 Dans une grande casserole, je fais blondir l'oignon, la carotte et le poireau coupés en petits morceaux avec une noix* de beurre à feu doux pendant 5 minutes.

3 J'ajoute ensuite les betteraves coupées en dés. Je sale, je poivre, je remue, puis j'arrose avec un litre d'eau et je laisse cuire 5 minutes de plus.

4 Je mixe le tout avant d'ajouter 30 cl de crème fraîche. Je remets sur le feu et je laisse mijoter ce beau velouté encore 5 minutes pour le faire réduire.

Le secret des élèves

Dans un bol, je mélange 20 cl de crème, un peu de jus de citron, une pincée de sel de céleri et les graines de pavot. Quand la soupe est servie, je fais avec cette préparation une île au centre de chaque assiette, puis je décore avec une pincée de pavot.

Le grain de sel du chef

Cette recette est une version simplifiée d'une célèbre soupe russe : le bortsch. On peut remplacer le poireau par du céleri branche et les graines de pavot par des graines de carvi (épice) pour lui donner un goût légèrement anisé.

Croque-mousse de la Guamandie

Recette de la classe de CE2-CM1
École publique de Breuilpont
Pour 4 personnes
Préparation : 30 min
Attente : 4 heures

Il te faut →

- 2 pommes granny-smith
- 2 pommes reinettes
- 1 mangue bien mûre
- 4 cuil. à soupe (sucre)
- 2 feuilles de gélatine*
- 1 gousse de vanille
- 6 fruits de la passion
- 1 citron
- 1 orange
- 2 œufs blancs et jaunes séparés
- 12 cl (crème liquide)
- 4 piques en bois

1 Mousse aux fruits de la passion.

• Je trempe la gélatine* dans un peu d'eau froide.

• Je passe la pulpe des fruits de la passion à la passoire pour enlever les graines. Je recueille leur jus dans une casserole hors du feu et j'ajoute 3 cuillères à soupe de sucre et une d'eau.

• J'ajoute ensuite les jaunes d'œufs et 2 cuillères à soupe d'eau et je fais mousser à feu doux en battant avec un fouet. J'introduis alors la gélatine* essorée et la crème sans cesser de battre, puis je retire du feu.

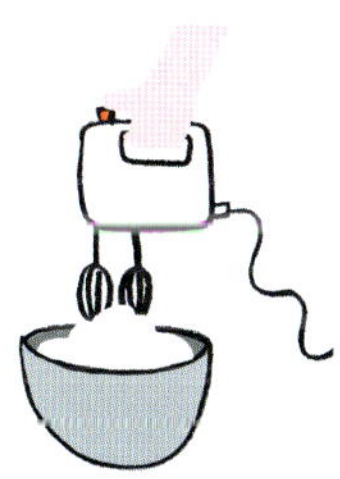

• Séparément, je bats* les blancs en neige, puis je les incorpore délicatement à la préparation. Je verse cette mousse jusqu'à mi-hauteur dans des petits verres.

4 heures

2 Coulis de mangue.

Je mixe la mangue épluchée et dénoyautée avec le jus des agrumes*, une cuillère à soupe de sucre et les graines grattées dans la vanille fendue* en deux.

Jusqu'au service.

3 Brochettes de pomme.

J'épluche les pommes, puis je coupe les granny-smith en cubes et les reinettes en boules avec une cuillère spéciale*. Sur chaque pique en bois, j'alterne les deux variétés pour mélanger les saveurs.

Le secret des élèves

Au moment de servir, je verse le coulis de mangue sur la mousse passion. Je pique une brochette de pommes dans chaque verre. Ce dessert aux saveurs de la Guadeloupe et de la Normandie me fait voyager dans une nouvelle région : la Guamandie !

Le grain de sel du chef

Pour adoucir l'acidité de la mousse aux fruits de la passion, on peut ajouter le jus d'une orange.

Lentilles au citron

Recette de Soizic, 12 ans
Pour 4 personnes
Préparation : 15 min
Cuisson : 20 min

Il te faut →

- 4 échalotes
- 1 gousse d'ail
- 1 cuil. à café (graine ou poudre) coriandre
- sel, poivre
- 1 cuil. à soupe huile d'olive
- 200 g lentilles vertes
- 1 citron
- 1 cuil. à café (graine ou poudre) cumin
- 1 yaourt

1 J'épluche et je hache les échalotes et la gousse d'ail.

2 Dans une casserole, je fais dorer les échalotes dans l'huile d'olive. J'ajoute l'ail et je remue.

3 J'ajoute ensuite les lentilles, le cumin et la coriandre. Je remue. Je sale et je poivre.

4 Je recouvre d'eau, et je laisse cuire à couvert* pendant 15 minutes à feu doux en vérifiant qu'il y a toujours de l'eau dans les lentilles.

5 Pendant ce temps, je lave bien le citron avant de le couper en deux. Je presse le jus d'une moitié et je prélève le zeste* du citron entier.

6 À la fin de la cuisson, j'ajoute le yaourt, le jus de citron, et je mixe le tout.

Le secret de Soizic

Au moment de servir, je décore avec le zeste* de citron.

Le grain de sel du chef

Cette préparation d'origine indienne, appelée « dal », peut également être utilisée comme « dip », c'est-à-dire comme sauce froide dans laquelle on trempe des morceaux de légumes crus.

Crumble pommes-poires

Recette d'Eva, 8 ans et demi
Pour 4 personnes
Préparation : 20 min
Cuisson : 10 min au four

Il te faut →

Je préchauffe, thermostat 6 (180 °C).

1 Je mets les raisins de Corinthe à tremper dans de l'eau tiède pour les faire gonfler.

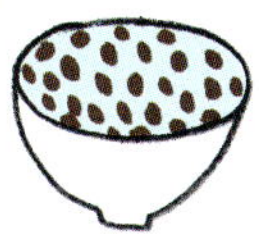

2 J'épluche les pommes et les poires. Je les coupe en dés grossiers, en ôtant les pépins.

3 Dans une casserole, à feu doux, je verse 2 cuillères à soupe d'eau, puis j'ajoute les pommes, les poires, la gousse de vanille fendue* en deux et le bâton de cannelle. Je laisse cuire quelques minutes à couvert*. Je remue de temps en temps pour que les fruits n'accrochent pas.

4 Quand les pommes commencent à se défaire, je retire la casserole du feu. J'ajoute 50 g de sucre roux, les raisins de Corinthe égouttés et je mélange. J'enlève ensuite la vanille et la cannelle, puis je répartis les fruits dans un plat à gratin ou dans des bols qui vont au four.

5 Dans un saladier, je mets la farine, une pincée de sel, 125 g de sucre roux et le beurre ramolli*. Je mélange avec mes doigts pour obtenir une pâte granuleuse.

6 J'émiette cette pâte par-dessus les fruits puis j'enfourne.

10 min

La petite touche d'Eva

Ce crumble est délicieux tiède, servi avec une cuillère de crème fraîche épaisse, de la crème anglaise ou une boule de glace vanille. Je peux le préparer à l'avance et le faire réchauffer.

Le grain de sel du chef

Crumble est un mot anglais qui signifie « effriter, émietter ». Ce dessert se réalisait à l'origine avec du pain. En été, on peut remplacer les pommes et les poires par des pêches et des abricots.

Le chou-fleur du marquis

Recette d'Éric, 11 ans
Pour 4 personnes
Préparation : 20 min
Cuisson : 15 min

Il te faut →

1 BÉCHAMEL.

- Dans une casserole à feu doux, je fais fondre le beurre, puis j'ajoute la farine tamisée et je fouette.
- Je verse le lait tout en continuant de remuer jusqu'à ébullition*. Le mélange doit devenir un peu mousseux.
- Je laisse cuire à feu doux 5 minutes en remuant régulièrement pour que la sauce n'accroche pas.
- Vers la fin de la cuisson, j'ajoute la crème, le sel et la noix de muscade.

2 CHOU-FLEUR.

- Je retourne le chou-fleur pour couper le trognon et toutes les feuilles vertes.
- Je détache les inflorescences* du chou-fleur et je les coupe en larges morceaux.

- Je les mets à cuire 5 minutes dans une casserole d'eau bouillante avec un peu de sel.
- Je les égoutte avec précaution sur du papier absorbant.

3 Je dispose le chou-fleur dans un plat à gratin. Je verse la sauce béchamel par-dessus et je recouvre de gruyère râpé. J'enfourne et je surveille bien pendant que ça gratine.

 5 min sur grill

Le secret d'Éric

J'ai appris que cette sauce blanche était la préférée de la cour de Versailles. Elle porte le nom du marquis de Nointel, Louis de Béchameil, qui assurait la charge de maître d'hôtel du roi Louis XIV !

Le grain de sel du chef

Le chou-fleur peut aussi se manger en salade avec une crème liquide fouettée, acidulée d'une pointe de vinaigre de framboises.

Samoussas des îles

1 

J'épluche l'ananas. Je tranche sa chair en petits cubes.

2 Je pèle les carottes puis je les râpe.

3 

Je mets l'ananas et les carottes dans un saladier. J'ajoute le sucre et les graines de vanille que je gratte dans la gousse fendue*.

4 Je découpe la pâte à brick en douze bandes de 23 x 10 cm. Je dispose au bout de chaque bande un peu de la préparation et je replie la pâte en triangle 3 fois sur elle-même.

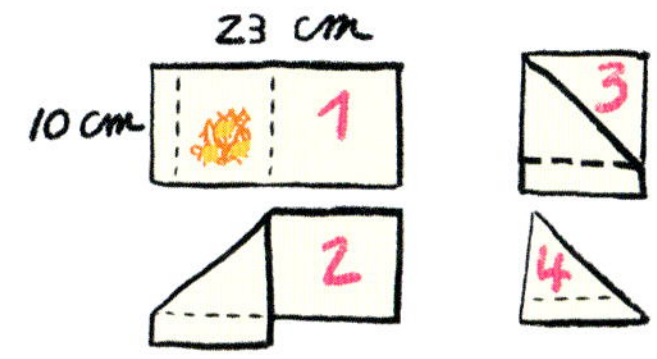

5 

Au dernier pli, je dépose la « colle » constituée d'un peu de farine délayée* dans l'eau et j'appuie bien pour fermer le samoussa.

6 Une fois tous les samoussas préparés, je demande à un adulte de les faire frire dans l'huile d'arachide très chaude pour qu'ils soient bien dorés, puis de les égoutter sur un papier absorbant.

On peut déguster ces samoussas chauds ou froids, saupoudrés de sucre glace. Cette recette vient de la Réunion. Elle a un goût de « pas assez » ! Nous en ferons encore et encore : « Ça nous le'sûrs » !

Le secret des élèves

Le grain de sel du chef

On peut imaginer toutes sortes de garnitures salées ou sucrées à ces petits beignets triangulaires d'origine indienne.

Tarte oasis aux poireaux

Recette de Ludovic, 13 ans
Pour 4 personnes
Préparation : 30 min
Attente : 30 min
Cuisson : 35 min au four

Il te faut →

1 
Pour préparer la pâte, je fais d'abord fondre 150 g de beurre. Hors du feu, j'ajoute la farine, une cuillère à café rase de curry et le sel puis, en dernier, un œuf. Je mélange bien, je forme une boule et je laisse reposer.

2 Je garde le plus beau poireau entier et je lui coupe la barbichette et le haut des feuilles (2/3). Je pare* les autres poireaux ; je les fends*, je les lave bien, puis je les coupe en morceaux.
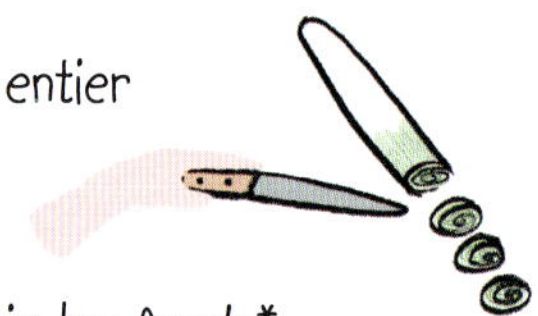

Je préchauffe, thermostat 6 (180 °C).

3 Je fais revenir les lardons dans une poêle avec 25 g de beurre. J'ajoute les poireaux coupés, je remue, puis je laisse cuire 30 minutes à feu doux et à couvert*.

4 Pendant ce temps, je mélange dans un bol la crème fraîche, le lait, 2 œufs et 2 cuillères à café rases de curry. Je sale et je poivre.

5 Avec un rouleau à pâtisserie, j'étale la pâte sur la table de la cuisine. Je la dispose ensuite dans le plat à quiche et je la laisse reposer à température.
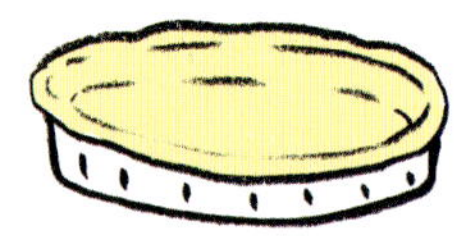

6 Quand ma pâte est bien reposée, je dispose les poireaux cuits et les lardons dans le fond, puis je verse le mélange à base de crème par-dessus.

35 min

Le secret de Ludovic

Juste avant de servir, je cisaille les feuilles vertes du poireau mis de côté, pour imiter le feuillage d'un palmier, et je le plante au milieu de ma tarte.

Le grain de sel du chef

Dans l'Antiquité, Néron se faisait servir du poireau à chaque repas car il attribuait à ce légume la propriété de donner la voix claire. Peut-être cette tarte aux poireaux te fera-t-elle chanter ?

Clafoutis aux cerises

Recette de Cédric, 9 ans
Pour 4 personnes
Préparation : 15 min
Cuisson : 35 min

Il te faut →

Je préchauffe, thermostat 6 (180 °C).

1 J'ôte les queues des cerises, puis je les lave à l'eau froide. Je les égoutte sur du papier absorbant, je les dénoyaute et je les place dans un saladier, recouvertes de 100 g de sucre. Je réserve*.

2 Dans un autre saladier, je bats énergiquement les œufs et les 60 g de sucre. J'ajoute le lait, puis la farine, le sel et la levure. Je travaille* bien au fouet, puis je mélange le tout avec le beurre ramolli*.

3 Je beurre mon plat à clafoutis. J'égoutte les cerises sucrées en gardant le jus à part. Je dispose les cerises dans le fond du plat et je verse la pâte par-dessus puis j'enfourne.

35 min

Le secret de Cédric

Il faut attendre que le clafoutis refroidisse un peu avant de le manger (au moins 15 minutes). Il est particulièrement délicieux tiède. Au moment de servir, je verse le jus des cerises sur le gâteau et je saupoudre de sucre glace.

Le grain de sel du chef

À l'automne, on peut remplacer les cerises par des raisins.

Le gratin de courgettes de Mamilou

Je préchauffe, thermostat 7 (200 °C).

1 Je lave les courgettes* sous l'eau froide, puis je les essuie grossièrement et je les coupe en rondelles d'un demi-centimètre.

2 Je hache l'oignon* épluché et je le fais revenir dans une cocotte avec un peu de beurre jusqu'à ce qu'il soit translucide.

3 J'ajoute alors le riz cru, juste lavé sous l'eau. Je remue, puis je couvre le tout d'eau (une fois et demie le volume de riz). Je laisse cuire 10 minutes à feu doux et à couvert*.

4 Pendant ce temps, je dore les courgettes* à la poêle dans l'huile d'olive, puis je les égoutte.

5 J'étale le riz dans le fond d'un plat à gratin. J'arrange par-dessus les rondelles de courgettes*. Je sale et je poivre.

6 Je mêle un jaune d'œuf à la crème liquide et je verse le tout sur le plat. Je saupoudre d'emmental râpé.

15 min

Le secret d'Aline

Je décore avec des copeaux de jambon cru coupé très fin.

Le grain de sel du chef

La courgette crue a un délicieux goût de noisette ! Coupée en lanières avec une salade, quelques amandes effilées dorées à la poêle et un filet d'huile de noix ou de noisettes, elle devient une vraie gourmandise d'été.

Gâteau à l'orange

Recette d'Émilie, 9 ans et demi
Pour 4 personnes
Préparation : 40 min
Cuisson : 30 min

Il te faut →

- 250 g farine
- 250 g beurre ramolli*
- 400 g + 200 g sucre
- 4 œufs
- 1 pincée de sel
- 4 oranges
- 2 citrons
- 5 cl lait
- 1 sachet levure

Je préchauffe, thermostat 6 (180 °C).

1 Après avoir bien lavé et essuyé 2 des oranges et les 2 citrons, je râpe les zestes* et je réserve*.

2 Après les avoir lavées, je coupe les 2 autres oranges en tranches d'un demi-centimètre d'épaisseur. Je les mets dans une casserole et je les recouvre entièrement d'eau. Je porte à ébullition*. J'égoutte.

3 Je remets les oranges égouttées dans la casserole, j'ajoute 75 cl d'eau et 400 g de sucre. Je fais bouillir à nouveau, puis je laisse cuire 30 minutes à feu doux.

4 J'égoutte les oranges et je les laisse refroidir.

5 Dans un grand saladier, je fouette le beurre ramolli* avec 200 g de sucre jusqu'à ce que le mélange blanchisse. Tout en mélangeant, j'ajoute les œufs un par un, puis les zestes* d'orange et de citron, la farine, la levure et le sel. Je mets le lait en dernier.

6 Je verse dans un moule à manqué beurré et j'enfourne.

30 min

Le secret d'Émilie

Je décore mon gâteau démoulé avec les tranches d'oranges confites égouttées.

Le grain de sel du chef

On peut utiliser la recette de ces oranges confites avec un yaourt nature, des sablés ou encore un gâteau au chocolat.

Gaufres des Martiens

Recette de la classe de CE1 CE2
École Notre Dame de L'Adezière
Pour 12 gaufres
Préparation : 20 min
Attente : 2 heures

1 Si j'utilise des épinards frais, je retourne chaque feuille et je tire la queue pour enlever la nervure. Je les nettoie bien à l'eau froide et je les hache.

2 Ensuite, je les fais fondre* dans une casserole avec une petite noix* de beurre en remuant régulièrement. Quand ils sont cuits, je les égoutte avec une passoire.

3 Je délaie* la levure dans le lait.

4 Dans un grand saladier, je mélange la farine, le beurre, les œufs, et la levure délayée*. J'ajoute une pincée de sel et je mélange jusqu'à ce que l'ensemble soit bien homogène.

5 Je recouvre le saladier d'un film plastique alimentaire et je laisse reposer la pâte à température ambiante.

2 h

6 Lorsque la pâte a gonflé, j'ajoute la purée d'épinards et je mélange.

7 Je confectionne les gaufres une par une dans un gaufrier.

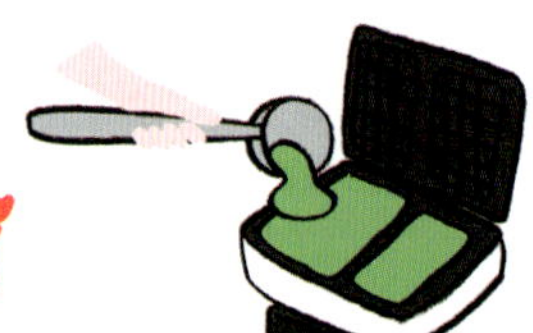

Le secret des élèves

Les gaufres des Martiens sont encore meilleures tièdes, saupoudrées de gruyère râpé, avec une tranche de jambon blanc et une salade verte assaisonnée.

Le grain de sel du chef

On peut aussi faire ces gaufres avec d'autres purées de légumes (brocolis, céleri-rave...) frais ou surgelés.

Choco-Chat et ses souris

Recette de Laëtitia, 10 ans
Pour 4 personnes
Préparation 30 min
Cuisson : 30 min au four

Il te faut →

- 200g beurre
- 250g sucre
- 1 boîte poires au sirop
- 2 bonbons verts
- 2 rouleaux de réglisse
- pailles ou biscuits chocolatés
- 1 tablette chocolat noir à dessert
- 200g farine
- 6 œufs
- amandes effilées
- raisins de Corinthe
- 3 cerises confites

Je préchauffe, thermostat 5 (150 °C).

1 Je fais fondre la tablette de chocolat cassée en morceaux avec 2 cuillères à soupe d'eau à feu doux.

2 Hors du feu, je remue avec une cuillère en bois jusqu'à ce que le chocolat soit bien lisse. J'ajoute le beurre en petits morceaux et je mélange bien, puis je réserve*.

3 Dans un saladier, je verse le sucre et les œufs. Je bats avec énergie jusqu'à ce que le mélange blanchisse.

4 Tout en remuant, j'ajoute le chocolat fondu puis la farine.

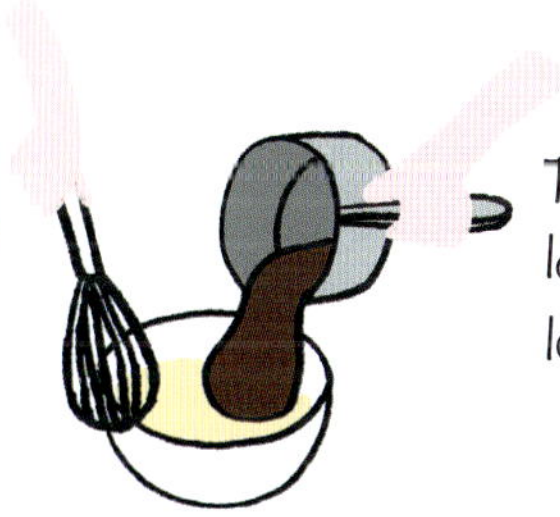

5 Je beurre deux moules ronds de diamètre différents avant d'y verser ma pâte puis j'enfourne.

30 min

Le secret de Lætitia

Je démoule mes gâteaux l'un contre l'autre, puis je les laisse refroidir avant de les décorer.

Tête : 2 / 2 / 1 demi / 6 demi

Corps : 4 / 4 demi / 8 / 8 / 2

Le grain de sel du chef

L'alliance de la poire et du chocolat reste un grand classique que l'on connaît grâce à la poire Belle-Hélène, poire pochée nappée de chocolat fondu, servie avec une glace vanille.

Pizza maison

Je préchauffe, thermostat 7 (200 °C).

1 Sauce tomate.

- Dans une poêle, je verse la petite boîte de tomates, le concentré de tomates, les herbes, le sucre, une pincée de sel et du poivre. Je laisse cuire pendant 10 minutes à feu doux en remuant de temps en temps.

- Je mixe le tout.

2 Pâte à pizza.

- Je verse dans un saladier la farine, le beurre ramolli* et une pincée de sel.

- Je travaille* la pâte du bout des doigts jusqu'à ce que le mélange s'émiette.

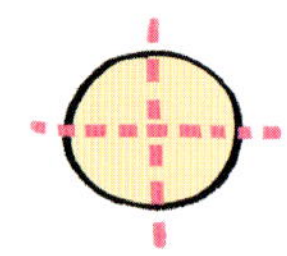

- J'ajoute alors le lait et je remue avec une spatule pour obtenir une boule de pâte lisse.

- Sur une table bien propre, je partage ma pâte en quatre boules que j'étale avec un rouleau à pâtisserie.

3 Je dispose les quatre pizzas sur une plaque allant au four. Je les nappe avec ma sauce tomate. J'ajoute par-dessus les tomates coupées en rondelles, la mozzarella coupée en petits dés et le basilic, et j'enfourne.

20 min

Le secret de Kelly

Avec les olives noires et les feuilles de basilic, je dessine des yeux et des sourcils.

Le grain de sel du chef

Si on n'a pas le temps de faire la pâte, on peut utiliser une pâte à pizza toute prête, ou opter pour la version « tarte » avec une pâte feuilletée déjà prête, ou « croque » avec du pain.

Gâteau soleil

Recette d'Élodie, 9 ans
Pour 4 personnes
Préparation : 30 min
Cuisson : 40 min au four

Je préchauffe, thermostat 6 (180 °C).

1 Je mets les morceaux de sucre, arrosés de 2 cuillères à soupe d'eau, dans une poêle anti-adhésive à feu moyen.

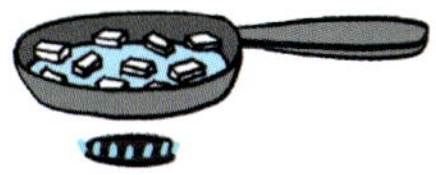

2 Quand le caramel commence à blondir, j'ajoute les tranches d'ananas bien égouttées, que je retourne régulièrement jusqu'à ce qu'elles soient dorées, puis je réserve*.

3 Dans un saladier, je bats les œufs avec les 150 g de sucre jusqu'à ce que le mélange blanchisse. J'ajoute alors la farine, la levure, la noix de coco, la pincée de sel puis, en dernier, le beurre ramolli*. Je mélange jusqu'à ce que la pâte soit bien lisse.

4 Je mets une tranche d'ananas au centre d'un moule à manqué beurré, puis je dispose des demi-tranches tout autour comme les rayons du soleil. Je verse doucement ma pâte par-dessus. J'enfourne.

30 min. Puis 10 min. À four éteint.

5 Pendant la cuisson du gâteau, je prépare un sirop avec le jus des ananas auquel j'ajoute la cuillère à soupe de sucre et le sirop de fruits de la passion.

6 Je démoule mon gâteau sur un plat et je l'imbibe* avec le sirop.

Le secret d'Élodie

J'ajoute une cerise confite au centre du soleil.

Le grain de sel du chef

Ce gâteau accompagne à merveille une salade de fruits (pommes, bananes, oranges, kiwis) que l'on peut aromatiser d'un trait de sirop à la noix de coco.

Salade barbare

Recette de Léo, 8 ans et demi
Pour 4 personnes
Préparation : 20 min
Cuisson : 20 min

1 Je mets une casserole d'eau à chauffer. À ébullition*, j'y plonge doucement mes œufs et je les laisse cuire pendant 10 minutes. Je les sors ensuite avec une écumoire*, puis je les passe sous l'eau froide avant de les écaler*.

2 Je lave et j'épluche tous les légumes.

3 J'équeute* les haricots verts et je les coupe en deux. Je les plonge 8 à 10 minutes dans l'eau salée bouillante. Je les rince à l'eau glacée.

4 J'émince* le céleri branche en morceaux d'1 cm. Je coupe l'oignon*, la carotte et le concombre en rondelles. Je coupe les fines herbes avec une paire de ciseaux en tiges de 3-4 cm.

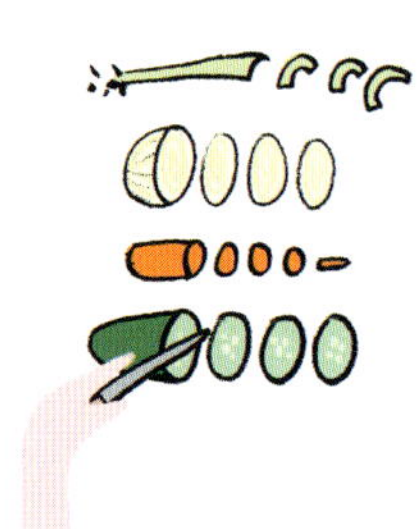

5 Je coupe la tomate en quatre et je la passe au mixeur avec le ketchup.

6 Sur chaque assiette, je dispose une grande feuille de salade dans laquelle je mets les légumes mélangés et les œufs durs coupés en deux. J'ajoute ensuite des taches de coulis de tomate rouge sang et je pique un peu partout mes antennes de fines herbes.

Le secret de Léo

J'attrape les légumes avec les doigts ou avec une pique en bois et je les trempe dans de la mayonnaise (ou du fromage blanc) !

Le grain de sel du chef

On peut ajouter d'autres légumes, selon la saison, à cette macédoine, et quelques anchois pour ceux qui aiment !

Glace à la banane

Recette de Brice, 11 ans
Pour 4 personnes
Préparation : 15 min
Attente : 1 heure

Il te faut →

- 4 bananes
- 200 g de sucre
- 1 gousse de vanille
- crème fraîche 15 cl
- 1 bombe crème chantilly
- 1 citron
- noix de pécan
- 150 g chocolat noir à dessert
- poudre de noix de coco : 1 cuil. à soupe

1 
Je presse le jus du citron.

2 Dans une casserole, je verse ½ litre d'eau, le jus de citron et le sucre. J'ajoute la gousse de vanille fendue* en deux. Je porte à ébullition*.

3 
J'épluche et je coupe les bananes en rondelles. Je les fais cuire dans ce sirop pendant 6 à 7 minutes, à feu doux, jusqu'à ce que les bananes soient bien confites.

4 
Quand elles ont refroidi, je retire la gousse de vanille, j'ajoute la crème fraîche et je mixe le tout.

5 Je verse mon mélange dans la sorbetière* et je laisse prendre.
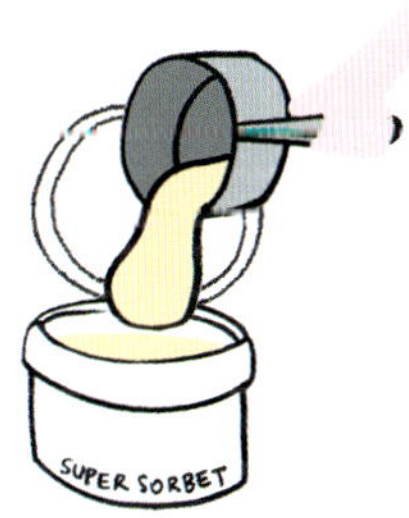

6 
Avant de servir, je fais fondre le chocolat avec un peu d'eau au four à micro-ondes ou au bain-marie*.

Le secret de Brice

Au moment de servir, je répartis la glace dans 4 coupes et j'ajoute le chocolat fondu, puis la poudre de noix de coco, quelques noix de pécan et une grosse boule de crème chantilly.

Le grain de sel du chef

Cette glace à la banane fait penser au Banana Split ! On peut la présenter servie entre deux morceaux de banane fraîche, coupée dans le sens de la longueur.

Concombre à la crème

Recette de Leïla, 8 ans et demi
Pour 4 personnes
Préparation : 10 min

Il te faut →

1 Je lave le concombre à l'eau froide, puis je l'essuie. Je le coupe en deux dans le sens de la longueur et je retire tous les pépins à l'aide d'une petite cuillère.

2 Je le coupe ensuite en fines lamelles dans un plat et je verse dessus quelques gouttes de vinaigre doux.

3 J'épluche et je taille finement l'échalote, puis je mets les petits morceaux dans un saladier.

4 J'ajoute la crème et je fouette le tout en chantilly avec un batteur. Je sale et je poivre.

5 Je verse ma crème sur les concombres et j'ajoute par-dessus des feuilles de menthe ciselées*.

Le secret de Leïla

Je décore avec les tomates cerises lavées et je parsème de brins d'aneth.

Le grain de sel du chef

La principale qualité du concombre, sa fraîcheur, est ici soulignée par la crème et la menthe.

Cocktail des vampires

Recette de Dorothée, 9 ans
Pour 4 personnes
Préparation : 20 min

Il te faut →

2 barquettes

1 pastèque (1,5 à 2 kg)

3 cuil. à soupe

1 bouquet

menthe fraîche

1 Je coupe la pastèque en deux puis en quatre.

2 Je découpe la chair rouge en cubes en éliminant le plus de graines possible.

3 Je passe la chair de la pastèque et les framboises au mixeur.

4 Je filtre avec une passoire au-dessus d'une grande carafe pour recueillir le jus.

5 J'ajoute la grenadine et je mélange bien.

Je conserve au frais.

Le secret de Dorothée

Au moment de servir, je mets une branche de menthe dans chaque verre avec les feuilles qui dépassent comme un petit parasol. Je sers bien frais.

Le grain de sel du chef

La pastèque est extrêmement désaltérante. Sa pulpe crue, légèrement pailletée, trouve naturellement sa place dans les salades de fruits en été.

LES RECETTES DE LÉGUMES

Concombre à la crème

Salade barbare

Pizza maison

Gaufres des martiens

Le gratin de courgettes de Mamilou

Tarte oasis aux poireaux

Le chou-fleur du marquis

Lentilles au citron

Potage tout rouge

Soupe de la sorcière

Mon gâteau à la carotte